Der Tankstellenvertrag im Blickfeld der Rechtstatsachenforschung

von

Prof. Dr. Manfred Rehbinder,

Bielefeld

1971

J. Schweitzer Verlag · Berlin

ISBN 3 8059 0175 5
Gesamtherstellung: Anton Hain KG, Meisenheim/Glan

Inhalt

Einleitung

Die vorliegende Studie ist die Originalfassung einer Abhandlung, die in englischer Übersetzung in der International Encyclopedia of Comparative Law erscheinen wird. Man hatte mich gebeten, den Einfluß der Großindustrie auf das Vertragsrecht mit einer Fallstudie aus dem deutschen Recht zu belegen. Wenn ich zu diesem Zwecke den Tankstellenvertrag gewählt habe, so war ich mir durchaus bewußt, daß ich damit einen ähnlichen Sachverhalt aufgriff wie der entsprechende Beitrag aus dem amerikanischen Recht, nämlich die Arbeit von Macaulay über den automobile dealer franchise. Es gibt jedoch zwei Gründe, die für diese Wahl sprechen.

Zum einen ist der Tankstellenvertrag zwischen den Mineralölfirmen und den Tankstellenhaltern nach deutscher Vertragspraxis kein Eigenhändlervertrag wie der Autohändlervertrag, sondern nach herrschender Meinung ein Handelsvertretervertrag. Es kann also gezeigt werden, daß die wirtschaftliche Macht der Großindustrie nicht nur in Austauschverträgen, sondern auch in Geschäftsbesorgungsverträgen ihren Ausdruck findet. Derartige Geschäftsbesorgungsverträge, die von wirtschaftlicher Übermacht diktiert sind, sind zwar auch in anderen Wirtschaftszweigen zu finden, die nicht unmittelbar etwas mit dem Auto zu tun haben, so z.B. im Reisebürogewerbe [1]. Der Tankstellenvertrag hat hier aber zum zweiten den Vorteil, daß das Tatsachenmaterial bereits in weiten Teilen durch das deutsche Bundeskartellamt erhoben worden ist. Wer das Ausmaß an Zeit und Mühe registriert hat, das Macaulay auf seine Erhebungen über den automobile dealer franchise verwenden mußte [2], kann ermessen, was hier durch Verwendung der vom Kartellamt ermittelten Tatsachen

1) Vgl. Alfred Schüller: Vermachtungserscheinungen im tertiären Sektor, in ORDO 19 (1968), S. 171-256, 233.

2) Stewart Macaulay: Law and the Balance of Power. The Automobile Manufactures and their Dealers, New York 1966, S. XVIIf.

an eigener Arbeit gespart werden konnte. Ähnliche Erhebungen, wie sie das Bundeskartellamt durchführte und wie sie nur zum Teil in seinem Beschluß vom 22. Mai 1968 [3] enthalten sind, wurden von der britischen, irischen und der kanadischen Kartellbehörde durchgeführt und in Buchform veröffentlicht [4]. Sie ergeben im großen und ganzen das gleiche Bild.

3) BM – 22 10 00 – RT – 46/67, auszugsweise veröffentlicht in BB 1968, S. 723-725.

4) The Monopolies Commission: Petrol, A Report of the Supply of Petrol to Retailers in the United Kingdom, London 1965; Fair Trade Commission: Report of Enquiry into the Conditions which obtain in regard to the supply and distribution of Motor Spirit and Motor Vehicle Lubricating Oil with special reference to exclusive dealing arrangements in the retailing of these products, Dublin 1961; Restrictive Trade Practices Commission: Report on an Inquiry into the Distribution and Sale of Automotive Oils, Greases, Anti-Freeze, Additives, Tires, Batteries, Accessories, and Related Products, Ottowa 1962.

I. Die wirtschaftlichen Fakten

Die Gleichartigkeit der Rechtstatsachen in den drei genannten Ländern darf nicht verwundern. Sind doch die bedeutenden Mineralölfirmen, die heute in Deutschland die Tankstellenverträge abschließen, Tochterfirmen jener 7 großen internationalen Mineralölkonzerne, die etwa 65% der nachgewiesenen Erdöllager der Welt kontrollieren, nämlich der Standard Oil Company of New Jersey, der Secony Mobil Oil Company, der Standard Oil Company of California, der Texas Company und der Gulf Oil Corporation (alle Vereinigte Staaten) sowie der British Petroleum Company und der Royal Dutch/Shell-Gruppe (England und Niederlande) [5]. Etwa 90% der Benzinproduktion und 5-7% der Dieselproduktion der deutschen Gesellschaften werden über öffentliche Tankstellen dem Verbrauch zugeführt, das waren im Jahre 1964 rd. 8,2 Mio Tonnen Benzin und etwa 500 000 Tonnen Diesel [6]. Das Tankstellennetz bestand Anfang 1970 im Bundesgebiet aus 45 849 Einheiten. Diese verteilten sich auf die bedeutenden Gesellschaften wie aus Tabelle 1 ersichtlich [7].

Die Zahl der sog. freien Tankstellen, die keine Markenbenzine bestimmter Gesellschaften vertreiben, betrug demgegenüber 1.649, das sind rd. 3.59%. Diese setzten rd. 22% des Vergaserkraftstoffes ab. Von den gebundenen Tankstellen gehören nach den Feststellungen des Bundeskartellamtes etwa 40% den Gesellschaften und 60% den Tankstellenhaltern selbst [8]. Die Zahl der gesell-

5) BP Benzin und Petroleum AG (Hrsg.): Das Buch vom Erdöl, Hamburg 1963, S. 3.

6) Stahmer: Erdöl-Informationsdienst Nr. 36 v. 5. März 1965; Müller: Die Tankstelle, ein lukratives Geschäft? in: Die Mineralölwirtschaft 1965, S. 237 ff.

7) Stahmer, Erdöl-Informationsdienst Nr. 28 v. 16.1.1970, S. 1.

8) BKartA in BB 1968, S. 723.

Tabelle 1:

Gesellschaft	Zahl der Tankstellen	Prozentsatz
Aral AG	7.260	15,83 %
Deutsche Shell AG	6.090	13,28 %
Esso AG	5.950	12,98 %
BP Benzin und Petroleum AG	4.790	10,45 %
Texaco	3.254	7,10 %
Gasolin AG	3.160	6,89 %
DEA	1.932	4,21 %
AVIA	1.165	2,76 %
Fina	975	2,13 %
Total	835	1,82 %
Chevron	821	1,79 %
Stinnes Fanal	795	1,73 %
	37.027	80,97 %

schaftseigenen Tankstellen hat jedoch ständig zugenommen und soll gegenwärtig etwa 50% betragen [9].

Neben dem Verkauf von Treib- und Schmierstoffen befassen sich die Tankstellen auch mit dem Verkauf von Autozubehör (Reifen, Batterien, Zündkerzen usw.) und Autopflegemitteln aller Art. Bei den Autopflegemitteln wird der Anteil der Tankstellen am Gesamtumsatz zwischen 60 und 75% geschätzt [10]. Dabei sind die Mineralölgesellschaften nach dem 2. Weltkrieg zunehmend dazu übergegangen, durch fremde Firmen in Lizenz hergestellte Pflegemittel unter ihrem Markennamen über gesellschaftsgebundene Tankstel-

9) Auskunft des Zentralverbandes des Tankstellen- und Garagengewerbes e.V.

10) BKartA (Fußnote 3), in BB insoweit nicht abgedruckt.

len vertreiben zu lassen. Nach einem im Jahre 1956 in Berlin durchgeführten Betriebsvergleich von 24 Tankstellen [11] entfielen

77,7 % des Umsatzes auf Vergaserkraftstoff
4,7 % des Umsatzes auf Dieselkraftstoff
5,6 % des Umsatzes auf Öle und Fette
2,3 % des Umsatzes auf Reifen und Zubehörverkauf
2,3 % des Umsatzes auf Wagenpflege
7,4 % des Umsatzes auf Garagenvermietung.

Das bedeutete, daß damals etwa 80% des Umsatzes auf den Vertrieb von Kraftstoffen entfiel. Heute beträgt der Anteil des Kraftstoff- und Ölverkaufs nach Auskunft des Zentralverbandes des Tankstellen- und Garagengewerbes im allgemeinen weniger als 50%.

Die Einnahme der Tankstellenhalter besteht aus Provisionen für den Verkauf von Treib- und Schmierstoffen sowie Autopflegemitteln, den Vergütungen für den Pflegedienst und den Handelsspannen beim Verkauf von Autozubehör. Die Provisionssätze sind bei den meisten Gesellschaften nach den jeweiligen Umsätzen gestaffelt und richten sich ferner danach, ob es sich um eine gesellschaftseigene oder um eine dem Tankstellenhalter gehörige, sog. partnereigene Tankstelle handelt [12]. Da sie sich insgesamt bei Benzin zwischen 5,5 bis 8,4 Pf. je Liter (partnereigene Tankstelle) bzw. 4,8 Pf. (gesellschaftseigene Tankstelle) bewegen, die Betriebsunkosten aber nach dem eben herangezogenen Betriebsvergleich bei 16,25% des Gesamtumsatzes liegen, hat man errechnet, daß bei einer ***durchschnittlichen*** Tankstelle die Unkosten höher sind als die Einnahmen [13]. Der Tankstellenhalter muß deshalb versuchen, die Unkosten zu senken, etwa durch faktisch unentgeltliche Beschäftigung von Familienangehörigen, und sich nach Möglichkeit Nebeneinnahmen verschaffen, wie z.B. durch Betrieb einer Reparaturwerkstatt, durch Autohandel oder durch Garagen- oder Autovermietung.

11) Vgl. Dietrich Nippold: Der Tankstellenvertrag, Diss. Würzburg 1966, S. 12.

12) Vgl. die Angaben bei Nippold ebd. S. 11.

13) Nippold ebd. S. 13

Alles das ist heute weitgehend der Fall. So finden wir bei den Tankstellen neben dem Verkauf von Kraft- und Schmierstoffen nicht nur Autopflegedienst (Wagenpflege, Abschmierdienst), Autohilfe (Reifenreparatur, Batterieladestation), Handel mit Autozubehör (Reifen, Batterien, Zündkerzen) und Garagenvermietung (Einzel- oder Sammelunterstellung), sondern auch Autoreparaturwerkstätten, Schlossereien, Schmiedebetriebe, Gaststätten (Motels, Espresso-Bars) sowie Kohle- und Heizölhandel [14]. Die juristischen Betriebsarten unterscheiden sich nach den Eigentumsverhältnissen und dem Verhältnis zur Mineralölgesellschaft [15]. In der Regel handelt es sich um Einzelfirmen, größere Betriebe sind zuweilen Personengesellschaften. Der Einsatz fremder Arbeitskräfte ist nur bei größeren Betrieben und solchen üblich, die auch nachts geöffnet sind. Im übrigen sind vielfach Familienangehörige als Angestellte mit tätig.

14) Vgl. Walther Franken: Betriebswirtschaftliche und steuerliche Besonderheiten bei Tankstellen. Branchen-Sonderdienst der Steuer- und Wirtschafts-Kurzpost, Heft 13, Freiburg o.J.

15) G. Déon: Besteuerung der Tankstellen und Garagenbetriebe, Gewerbedienst der Neuen Wirtschafts-Briefe, Heft 13, Herne/Berlin 1963, S. 5.

II. Die Regeltypen der Tankstellenverträge

1. Von den 45.849 Tankstellen Anfang 1970 waren nur 1.649, also 3,59%, als sog. freie Tankstellen, d.h. ausschließlich im eigenen Namen und auf eigene Rechnung als Zwischenhändler (Eigenhändler) tätig. Diese freien Tankstellen sind an keine Mineralölfirma gebunden, sondern kaufen ihre Ware dort, wo sie bei bester Qualität am billigsten ist. Die großen Mineralölfirmen versuchen, die freien Tankstellen durch Aufkaufen, durch Liefersperren oder durch gezielte Benzinpreissenkungen ihrer gebundenen Tankstellen zurückzudrängen, da sie in der Regel preisgünstiger arbeiten und deshalb unerwünschte Wettbewerber sind. Dennoch ist es ihnen nicht gelungen, sie völlig vom Markt verschwinden zu lassen. Es ist allgemein bekannt, daß die freien Tankstellen ihr Benzin sogar zum erheblichen Teil von den Markenfirmen beziehen.

2. Die Abmachungen zwischen den Mineralölfirmen und den übrigen, sog. gebundenen Tankstellen, werden nicht individuell ausgehandelt, sondern sind in Vertragsformularen enthalten. Eine Durchsicht dieser Vertragsformulare zeigt, daß die großen Gesellschaften in ihren Bedingungen kaum konkurrieren, daß diese sogar zum Teil wörtlich übereinstimmen [16]. Im Einzelfall ausgehandelte Sondervereinbarungen werden auf dem Formular selbst oder auf einem gesonderten Blatt maschinenschriftlich beigefügt. In aller Regel vertreibt der Tankstellenhalter danach die von der Mineralölgesellschaft gelieferten Treib- und Schmierstoffe auf Provisionsbasis im Namen und für Rechnung der Gesellschaft. Alle anderen Geschäfte kann der Tankstellenhalter als Eigen-

16) Die Formulare der wichtigsten Firmen sind mir zugänglich gewesen. Vgl. auch die übereinstimmenden Feststellungen bei Schüller (Fußnote 1), S. 225, und Nippold (Fußnote 11), S. 15. Zur geschichtlichen Entwicklung vgl. Adolf Holländer: Der Tankstellenvertrag, in Festschrift Eduard Heilfron, 1930, S. 91-134; Horst Eberhard: Der Tankstellenvertrag, Diss. Jena 1936; Askar von Kistowski: Der Tankstellenvertrag, Diss. Köln 1962; Dieter Möhrmann: Tankstellentypen und Wettbewerbsarten im Treib- und Schmierstoffvertrieb, Diss. Hamburg 1962.

händler durchführen. Nur in den Verträgen einer größeren Gesellschaft ist auch der Verkauf von Treib- und Schmierstoffen im eigenen Namen und damit als Kommissionär vorgesehen.

3. Die Gesellschaften haben im allgemeinen zwei Arten von Vertragsformularen. Die eine wurde für diejenigen Tankstellen entwickelt, bei denen die Verfügungsgewalt über den Grund und Boden bei Abschluß des Vertriebsvertrages dem Tankstellenhalter zusteht (partnereigene Tankstelle). Die andere gilt für solche, bei der die Gesellschaft die Verfügungsgewalt hat (gesellschaftseigene Tankstelle). Im Falle der partnereigenen Tankstelle treten meist die Gesellschaften an die Grundstückseigentümer heran und schließen mit diesen Verträge über die Errichtung und den Betrieb von Tankstellen. Falls der Tankstellenhalter selbst Eigentümer des Grundstücks ist, vermietet er es der Gesellschaft. Die Miete wird durch die Provision mit abgegolten. Ist der Tankstellenhalter nicht Eigentümer, steht er der Gesellschaft dafür ein, daß der Eigentümer seine Zustimmung zur Errichtung und Unterhaltung der Tankstelle erteilt.

Der Tankstellenhalter errichtet die Baulichkeiten der Tankstelle mit den dazugehörigen Anlagen nach den Planungsrichtlinien der Gesellschaft. Die Baulichkeiten werden sein Eigentum oder Eigentum des Grundstückseigentümers. Die tanktechnischen Anlagen werden dagegen von der Gesellschaft gestellt und verbleiben auch in deren Eigentum. Sofern sie mit dem Grund und Boden fest verbunden sind, wird der vorübergehende Zweck der Verbindung im Hinblick auf § 95 Abs. 1 S. 1 BGB im Vertrag festgelegt [17].

Zur Errichtung der Baulichkeiten und der dazugehörenden Anlagen gewährt die Gesellschaft dem Tankstellenhalter in der Regel eine Finanzierungshilfe in Form eines Darlehens und/oder eines verlorenen Baukostenzuschusses und verlangt dafür eine langjährige Ausschließlichkeitsbindung (zwischen 20 und 30 Jahren), die sich jeweils um 1 bis 5 Jahre verlängert. Die Höhe der Finan-

17) Zur Gültigkeit einer solchen Vereinbarung vgl. BGH NJW 1959, S. 1487-1489.

zierungshilfe richtet sich nach dem zu erwartenden Umsatz. Oft deckt sie nicht nur die Baukosten für die Tankstelle, sondern bildet auch noch den Eigenkapitalanteil für eine Reparaturwerkstätte oder für Garagen. Die Tilgung erstreckt sich auf die gesamte Laufzeit des Tankstellenvertrages, wenn nicht im Interesse der steuerlichen Abschreibungen eine kürzere Zeit gewählt wird. Die Ausschließlichkeitsbindung an die Gesellschaft wird für die Laufzeit des Vertrages durch eine beschränkt persönliche Dienstbarkeit gesichert. Die Vergütung für dieses sog. Tankstellenrecht wird ebenfalls durch die Provision abgegolten.

Die Kosten für die Instandhaltung der gesamten Anlage und die laufenden Betriebskosten sind vom Tankstellenhalter selbst zu tragen. Dieser kann den Vertrag nur aus wichtigem Grunde, die Gesellschaft kann ihn auch aus wirtschaftlichen Gründen vor Ablauf kündigen. Für den Fall der Vertragsbeendigung werden Vormietrechte entsprechend den gesetzlichen Bestimmungen über das Vorkaufsrecht und/oder auch Vorkaufsrechte vereinbart.

4. Im Falle der gesellschaftseigenen Tankstelle steht das Grundstück mit den entsprechenden Baulichkeiten und tanktechnischen Anlagen im Eigentum der Mineralölgesellschaft oder ist von dieser unmittelbar von Dritten gemietet. Hier wird die Tankstelle dem Tankstellenhalter kostenlos oder pachtweise auf unbestimmte Zeit überlassen. Der Tankstellenhalter hat die laufenden Betriebsunkosten zu tragen, die Kosten für die Instandhaltung der Anlage selbst trägt jedoch die Gesellschaft. Beide Parteien können den Vertrag mit einer Frist von drei Monaten zum Quartalsende, gelegentlich mit noch kürzerer Frist kündigen.

5. Der Tankstellenvertrag ist nach allem ein gemischtrechtlicher Vertrag, der neben einer besonderen Art der Geschäftsbesorgung Elemente des Werkvertrages hinsichtlich der Errichtung der Tankstellenbaulichkeiten, des Verwahrungsvertrages hinsichtlich der Betriebsstoffe, des Darlehns- oder Finanzierungsvertrages, des Mietvertrages, des Pachtvertrages oder der beschränkt persönlichen Dienstbarkeit enthalten kann. Das muß jetzt für einzelne Punkte näher ausgeführt werden.

III. Der Inhalt der Verträge im einzelnen

Wie oben bereits gezeigt, sind heute ca. 95% der Tankstellen gesellschaftsgebunden. In den Beziehungen zwischen ihnen und den Gesellschaften ist die Vertragsfreiheit auf ein Minimum eingeengt, weil die Gesellschaften Formularverträge benutzen, die inhaltlich weitgehend übereinstimmen. Die Tankstellenhalter haben daher meist nur die Wahl zwischen dem Formularvertrag oder dem Verzicht auf einen Vertragsabschluß [18]. Da die Formularverträge in Rechtsprechung und Literatur ganz überwiegend als Handelsvertreter-Verträge qualifiziert werden [19], soll im folgenden gezeigt werden, wie die Gesellschaften ihre Marktmacht dazu benutzt haben, den empirischen Normaltyp des Handelsvertreters, wie er der gesetzlichen Regelung zugrundeliegt, in ihrem Sinne abzuändern. In einem weiteren Schritt der Untersuchung wird jeweils zu fragen sein, ob ein derart abgeänderter Vertragstyp überhaupt noch als Handelsvertreter-Vertrag angesehen werden kann.

1. Vermittlungstätigkeit des Tankstellenhalters?

Der Handelsvertreter gehört in die Gruppe der kaufmännischen Hilfspersonen, wie Kommissionär, Spediteur oder Lagerhalter und steht damit als Typ zwischen dem kaufmännischen Angestellten und dem Zwischenhändler [20]. Der

18) Nippold (Fußnote 11), S. 21; Schüller (Fußnote 1), S. 225.

19) BGHZ 42, 244; BGH NJW 1969, 1663; BGH NJW 1959, S. 1679; BGH NJW 1963, S. 100; Konrad Duden: Kündigung von Tankstellenverträgen nach § 624 BGB, in NJW 1962, S. 1326; Hans Würdinger: Urteilsanmerkung, in NJW 1963, S. 1550, weitere Nachweise bei Nippold (Fußnote 11), S. 19.

20) Vgl. Ernst E. Hirsch: Der gesetzlich fixierte "Typ" als Gefahrenquelle der Rechtsanwendung (erläutert am Beispiel des Handelsvertreters), in ders.: Das Recht im sozialen Ordnungsgefüge, Berlin 1966, S. 161-192, 172 f., ferner Peter Ulmer: Der Vertragshändler. 1969.

Unterschied zum Zwischenhändler besteht darin, daß der Zwischenhändler Eigenhändler ist, der seine Geschäfte im eigenen Namen und auf eigene Rechnung abschließt und das wirtschaftliche Risiko dieser Geschäfte selbst trägt, während der Handelsvertreter, wenn er überhaupt Geschäfte selbst abschließt, nur im Namen und für Rechnung des Unternehmers handelt, für den er tätig ist, so daß Risiko und Chance des vermittelten Geschäftes dem Unternehmer zufallen. Hieraus ergibt sich, daß die Tätigkeit des Tankstellenhalters nicht einheitlich zu beurteilen ist. Treib- und Schmierstoffe werden in aller Regel auf Provisionsbasis im Namen und für Rechnung der Mineralölgesellschaften verkauft. Dagegen werden gewöhnlich Autozubehör und zum Teil auch die Autopflegemittel im eigenen Namen und auf eigene Rechnung vertrieben. Insofern ist der Tankstellenhalter also Eigenhändler, der die übliche Handelsspanne verdient. Als die größeren Gesellschaften etwa seit 1965 begannen, auch Autopflegemittel unter ihrem Markennamen zu vertreiben, die für sie in Lizenz produziert werden, wurden die gesellschaftsgebundenen Tankstellen vertraglich verpflichtet, ausschließlich diese Markenpflegemittel zu verkaufen und in ihrem Betriebe zu verwenden. Nachdem aber das Bundeskartellamt im eingangs erwähnten Beschluß vom 22.5.1968 [21] diese Ausschließlichkeitsbindung für Pflegemittel bei partnereigenen Tankstellen für unzulässig erklärt hat, ist man jetzt zum Teil dazu übergegangen, auch die Pflegemittel im Namen und für Rechnung der Gesellschaft vertreiben zu lassen.

Soweit der Tankstellenhalter nach Vorstehendem nicht als Eigenhändler tätig ist, könnte er Handelsvertreter sein. Dies setzt nach der Legaldefinition des § 84 HGB voraus, daß er "mit der Vermittlung oder dem Abschluß von Geschäften ständig betraut ist". Es gehört also zum Wesen des Handelsvertreters, daß er sich um die Vermittlung oder den Abschluß von Geschäften zu bemühen hat [22]. Wie ein Vergleich der §§ 84 und 93 HGB einerseits mit § 652 BGB andererseits ergibt, setzt die Vermittlung eines Vertrages mehr voraus

21) Vgl. o. Fußnote 3.

22) H.C. Nipperdey: Handelsvertreter und Eigen (Vertrags)-Händler, in Festschrift Hedemann, Berlin 1958, S. 207-236; Schlegelberger-Schröder: HGB, 4. Aufl. 1961, § 84 RZ 17, 19; Würdinger in RGRKomm. zum HGB, 2. Aufl. 1953, § 84 Anm. 7.

als den bloßen Nachweis zum Abschluß. Der Handelsvertreter muß sich um die Willensbildung des potentiellen Kunden bemühen. Diese Kundenpflege ist nach § 86 Abs. 1 HGB seine Hauptpflicht, so daß ein Handelsvertreter-Verhältnis nicht vorliegt, wenn nur ein passives Warten auf abschlußbereite Kunden geschuldet ist [23].

Unter diesem Gesichtspunkt ist es zweifelhaft, ob der Tankstellenhalter als Handelsvertreter angesehen werden kann. Er ist im Gegensatz zum üblichen Handelsvertreter an seine Tankstelle gebunden. Seine Tätigkeit besteht in der Bedienung einer zum Teil aus Durchgangskundschaft bestehenden Abnehmerschaft, deren Kaufentschluß bereits gefaßt ist, bevor sie die Tankstelle anfährt. Auch kann von einer Kundenwerbung meist nicht die Rede sein; denn ausschlaggebend für den Kaufentschluß sind in erster Linie der Standort der Tankstelle und die Sogwirkung der Marke, nicht aber irgendeine unternehmerische Aktivität des Tankstellenhalters [24]. Der übliche Kundendienst ist eine von den Gesellschaften vorgeschriebene Leistung, mit der diese ausdrücklich werben. Anders ist es nur, wenn Tankstellen Reparaturen ausführen und der Kunde nur deshalb regelmäßig zu "seiner" Tankstelle fährt, weil er sich durch regel mäßiges Tanken eine anständige und schnelle Reparatur "erkaufen" will. Dann kann man diesen Sachverhalt auch so sehen, daß der Tankstellenhalter durch seine Leistungen den Kunden geworben hat. Bei derartigen Stammkunden kann daher von einer Vermittlungstätigkeit des Tankstellenhalters gesprochen werden.

2. Selbständigkeit des Tankstellenhalters?

Der Handelsvertreter ist als Geschäftsmittler nicht nur vom Zwischenhändler, sondern auch vom kaufmännischen Angestellten abzugrenzen. Der kaufmän-

23) So ausführlich Hirsch (Fußnote 20), S. 181 f., mit weiteren Nachweisen.

24) So richtig Ewald: Die Ausschließlichkeit im Tankstellenvertrag, in BB 1953, S. 307, 308; Veith: Ausgleichsanspruch des Tankstellenverwalters, in BB 1963, S. 1277 ff.; Hirsch (Fußnote 20), S. 191.

nische Angestellte (Handlungsgehilfe, Handlungsreisende) ist als Arbeitnehmer in die Organisation des kaufmännischen Unternehmens eingegliedert und untersteht, soweit er nicht die Stellung eines leitenden Angestellten hat, der umfassenden arbeitsrechtlichen Direktionsgewalt des Unternehmers. Der Handelsvertreter ist demgegenüber selbständiger Gewerbetreibender und Arbeitgeber seiner eigenen Angestellten. Er ist selbst Kaufmann und als solcher den Weisungen seines Geschäftsherrn (Auftraggebers, Unternehmers) nur in ähnlich beschränktem Maße unterworfen wie andere kaufmännische Hilfspersonen [25]. Man hat deshalb häufig die Frage aufgeworfen, ob der Tankstellenhalter angesichts der gegenwärtigen Vertragsgestaltung nicht in Wahrheit Angestellter der Mineralölgesellschaften sei. Diese Frage nach der rechtlichen Qualifizierung hat durchaus praktische Bedeutung. Ist der Tankstellenhalter nämlich Angestellter, dann können häufig auftretende Zweifelsfragen ohne Schwierigkeiten entschieden werden, wie die Anwendbarkeit der Kündigungsfrist des § 624 BGB, die Betriebsstätteneigenschaft der Tankstelle nach § 16 Abs. 2 Nr. 2 StAnpG, das Bestehen eines Ausgleichsanspruchs nach § 89 b HGB, eines Zeugnisanspruchs nach § 630 BGB und der Sozialversicherungspflicht, die Zuständigkeit des Arbeitsgerichts und die Zahlung von Handelskammerbeiträgen. Ferner hätte der Tankstellenhalter Kündigungsschutz sowie Anspruch auf Urlaub und auf Gehaltsfortzahlung im Krankheitsfall. Schließlich würden für ihn die Arbeitszeitordnung, das Betriebsverfassungsgesetz und die Lohnpfändungsbeschränkungen gelten [26].

Das Gesetz hat zur Abgrenzung des Handelsvertreters vom Angestellten auf die arbeitsrechtliche Rechtsprechung zurückgegriffen und den Begriff der Selbständigkeit zum Kriterium der Handelsvertreter-Tätigkeit gemacht. Es stehen sich also die Begriffe Selbständigkeit und Abhängigkeit gegenüber. Dabei ist allerdings zu berücksichtigen, daß der Handelsvertretervertrag seiner Rechtsnatur nach ein Dienstvertrag ist, der auf eine Geschäftsbesorgung gerichtet ist. Der Geschäftsherr kann dem Handelsvertreter also im Rahmen des Handels-

25) So auch die Abgrenzung von Hirsch (Fußnote 20), S. 173.

26) Über diese und weitere praktische Auswirkungen der Abgrenzung zum Arbeitnehmer vgl. Nippold (Fußnote 11), S. 19-59.

vertreter-Verhältnisses Weisungen erteilen. Es stehen sich deshalb in Wahrheit das Direktionsrecht des Arbeitgebers und das Weisungsrecht des Geschäftsherrn gegenüber. Es kommt damit auf das Maß der Abhängigkeit oder den Grad der Weisungsgebundenheit an. Da der Handelsvertreter selbständiger Gewerbetreibender ist, dürfen die Weisungen nur die Erledigung der übertragenen Aufgaben, nicht die Durchführung und Ausgestaltung des Handelsgewerbes berühren. Wie immer man auch über die Praktikabilität dieser Abgrenzung denken mag [27]: Die Weisungen müssen nach dem Gesetz die persönliche Freiheit unberührt lassen. Was in diesem Sinne unter persönlicher Freiheit zu verstehen ist, definiert das Gesetz wie folgt: "Selbständig ist, wer im wesentlichen frei seine Tätigkeit gestalten und seine Arbeitszeit bestimmen kann" (§ 84 Abs. 1 S. 2 HGB).

a) Weisungsgebundenheit

Sieht man daraufhin die Vertragsformulare der Gesellschaften durch, so finden sich im Hinblick auf die Gestaltung der Tätigkeit Weisungen der verschiedensten Art. Ein Teil davon soll sicherstellen, daß der Tankstellenhalter die Tankstelle nach außen hin als selbständiger Gewerbetreibender führt. Dazu gehören Vertragsklauseln, nach denen er die Eröffnung seines Gewerbes als Handelsvertreter gemäß § 14 GewO, § 165d RAO bei der Gemeindebehörde anzuzeigen, sich bei der alljährlichen Personenstandsaufnahme als selbständiger Gewerbetreibender und nicht als Arbeitnehmer zu bezeichnen, eine Umsatz- und Gewerbesteuererklärung einzureichen und das Einkommen selbständig beim Finanzamt zu deklarieren habe. Es wird ihm mitgeteilt, daß für ihn die Lohnsteuer- und Sozialversicherungspflichten keine Anwendung fänden, so daß er selbst für einen Versicherungsschutz sorgen müsse. Derartige Weisungen betreffen aber nur die Einhaltung der öffentlich-rechtlichen Pflichten aus der Stellung als Handelsvertreter und stehen daher der Annahme eines selbständigen Tätigkeitsbereichs nicht entgegen.

27) Vgl. etwa die gequälten Ausführungen von Nippold (Fußnote 11), S. 27-30.

Andere Weisungen betreffen die Behandlung des Eigentums der Gesellschaft. Bei gesellschaftseigenen Tankstellen wird dem Tankstellenhalter das gesamte Grundstück gegen eine Unkostenentschädigung ("Pacht") überlassen, bei partnereigenen Tankstellen stehen zumindest die tanktechnischen Anlagen im Eigentum der Gesellschaft. Die Gesellschaften verpflichten die Tankstellenhalter daher zur Verwaltung ihres Eigentums mit der Sorgfalt eines ordentlichen Kaufmannes und zur Einhaltung ihrer "Richtlinien". Diese Richtlinien regeln u.a. die Verwaltung der Station sowie die Pflege der technischen Anlagen und Betriebseinrichtungen. Ferner wird der Tankstellenhalter verpflichtet, eventuelle Schäden sofort zu melden und ohne Erlaubnis der Gesellschaft keine Reparaturen vorzunehmen. Die Gesellschaft ist zu jederzeitigen Kontrollen berechtigt. Auch die hier auftretenden Weisungen stehen der Annahme eines selbständigen Tätigkeitsbereiches des Tankstellenhalters rechtlich nicht entgegen; denn es geht hier um die Nutzung fremden Eigentums, und die Weisungen stellen noch keine konkreten Anweisungen im Einzelfall dar, wie sie nach dem Direktionsrecht einem Arbeitgeber möglich wären.

Einige Weisungen beziehen sich auf die Durchführung der übernommenen Geschäfte. So wird festgelegt, daß Treib- und Schmierstoffe, neuerdings z.T. auch Pflegemittel, im Namen und für Rechnung der Gesellschaft unter Verwendung der betreffenden Markenbezeichnung verkauft werden müssen. Dabei sind die festgelegten Preise einzuhalten. Der Verkaufspreis und ein Hinweis darauf, daß die Gesellschaft Vertragspartner des Kunden ist, werden an den Zapfstellen angebracht. Es müssen die von der Gesellschaft vorgeschriebenen Quittungsformulare verwandt werden. Kreditverkäufe sind regelmäßig untersagt. Für die übrigen Geschäfte soll der Tankstellenhalter Eigenhändler sein. Alle diese Weisungen betreffen die Verkaufsmodalitäten und gehören damit durchaus zum Handelsvertreter-Verhältnis.

Weitere in den Vertragsformularen enthaltene Weisungen begründen die Verpflichtung, bestimmte Aufzeichnungen über die ausgeführten Geschäfte vorzunehmen und periodische Berichte zu übersenden; die Gesellschaften können die Unterlagen jederzeit einsehen und überprüfen. Soweit sich das Kontrollrecht nicht auf die Eigengeschäfte bezieht, sind solche Weisungen durchaus im Rahmen des Handelsvertreter-Verhältnisses. Nach § 86 Abs. 2 HGB hat der

Handelsvertreter dem Geschäftsherrn die erforderlichen Nachrichten zu geben, namentlich ihm unverzüglich von jeder Geschäftsvermittlung und von jedem Geschäftsabschluß Mitteilung zu machen. Der Geschäftsherr hat also ein Recht auf ausreichende Information. Er kann eine geordnete Zusammenstellung der Einnahmen und Ausgaben verlangen (§§ 675, 666, 259 BGB), die auf Wunsch herauszugeben ist (§ 667 BGB).

Einige andere Weisungen beziehen sich auf das Auftreten und die Tätigkeit. Sie sind meist in gesonderten Richtlinien oder Betriebsvorschriften enthalten. Neben mehr technischen Anweisungen und Sicherheitsvorschriften finden sich dort Vorschriften über die Kleidung, die der Tankstellenhalter und sein Personal bei der Bedienung tragen sollen, wie die vereinnahmten Gelder aufzubewahren sind und ähnliches, was der Aufrechterhaltung einer einheitlichen Absatzorganisation der Gesellschaft oder der Sicherheit ihrer Werte dient. Über die rechtliche Beurteilung dieser Weisungen vgl. sogleich unter b).

Weisungen können schließlich noch faktisch im Rahmen einer Art Mitspracherecht ausgeübt werden, das sich einige Gesellschaften hinsichtlich der Auswahl von Hilfspersonen ausbedingen. Die Formulare sind hier jedoch sehr vorsichtig, da ein echtes Mitspracherecht einen unzulässigen Eingriff in die persönliche Selbständigkeit des Tankstellenhalters als Handelsvertreter bedeuten würde. Es findet sich daher die Formulierung, die Gesellschaft solle bei der Auswahl gehört werden und werde den Tankstellenhalter bei der Ausbildung des Tankstellenpersonals beraten. Eine Anhörung könnte sich vielleicht noch mit der Treuepflicht des Handelsvertreters rechtfertigen lassen, ein echter Anspruch auf Mitsprache dagegen sicher nicht [28].

Während früher die Betriebszeiten der Tankstellen meist von den Gesellschaften genau vorgeschrieben wurden, finden sich heute nur Klauseln wie etwa, "bestimmte Betriebszeiten einzuhalten" oder "die Tankstelle während der brancheüblichen Geschäftsstunden unter Berücksichtigung des vorhandenen

28) Ebenso Nippold (Fußnote 11), S. 38 f.

Wettbewerbs das ganze Jahr hindurch geöffnet zu halten". Man will mit diesen Formulierungen offensichtlich vermeiden, in die freie Bestimmung der Arbeitszeit und damit in die Selbständigkeit des Handelsvertreters einzugreifen, und man möchte andererseits sicherstellen, daß die Tankstelle während des Stoßgeschäfts offenbleibt, das im allgemeinen morgens zwischen 7.30-8.30, mittags zwischen 10-12 und abends ab 17 Uhr liegt. Die Berücksichtigung üblicher Geschäftsstunden und des vorhandenen Wettbewerbs bedeutet aber faktisch, daß die Halter kleinerer Tankstellen, die sich keine Hilfskraft leisten können, häufig weit mehr als 14 Stunden täglich Dienst tun müssen, um nicht einen empfindlichen Umsatzrückgang zu erleiden, der die Gesellschaft zur Vertragskündigung berechtigt. Auf diese Weise wird in einem erheblichen Teil der Fälle eine Arbeitszeit erzwungen, die weit über die eines vergleichbaren Arbeitnehmers hinausgeht.

b) Auftreten gegenüber Dritten

Die Selbständigkeit des Handelsvertreters, die sich von der Abhängigkeit des Angestellten unterscheidet, kann aber nicht allein am Grade der Weisungsgebundenheit gemessen werden. Ein zum Besuch der Kundschaft auf die Reise gesandter kaufmännischer Angestellter kann in der Wahl seines Reiseweges und der Einteilung seiner Zeit faktisch freier gestellt sein als ein Handelsvertreter, der jeden Morgen einen Tagesplan von seinem Unternehmen entgegennehmen und jeden Abend Bericht erstatten muß [29]. Die Rechtsprechung läßt daher das Gesamtbild des Einzelfalles entscheiden [30] und hat eine Reihe anderer Kriterien entwickelt, von denen die meisten das Auftreten gegenüber Dritten betreffen [31]. Diese Kriterien des selbständigen Auftretens nach außen

29) So zu Recht Hirsch (Fußnote 20), S. 173.

30) Vgl. BFH in BB 1962, S. 401.

31) Vgl. z.B. OLG München NJW 1957, S. 1767; OLG Celle MDR 1958, S. 341; OLG München VersR 1964, S. 235; sowie die Nachweise und Ausführungen bei Schröder (Fußnote 22), § 84 Anm. 5; Würdinger (Fußnote 22), § 84 Anm. 9; Baumbach-Duden: HGB, 17. Aufl. 1966, § 84 Anm. 5 B.

treffen heute auf fast alle Tankstellenhalter zu. So ist der Tankstellenhalter insbesondere Mitglied der Industrie- und Handelskammer und nimmt selbständig die von der Industrie- und Handelskammer kontrollierten Anmeldungen zum Handelsregister und die von den Gewerbebehörden überwachten Anmeldungen zum Gewerbeamt vor. Er führt eigene Handelsbücher und gibt Steuererklärungen als selbständiger Gewerbetreibender ab. Er verwendet im geschäftlichen Schriftverkehr eigene Briefköpfe, hat eigene Geschäftsräume und trägt seine Geschäftsunkosten selbst.

Ein weiteres Kriterium jedoch, das bereits klar durch die Regelung des Gesetzes vorgeschrieben ist, trifft auf den Tankstellenhalter nicht zu, nämlich das Handeln unter eigenem Namen. Ein Handelsvertreter ist stets Kaufmann im Sinne des Handelsgesetzbuches (§ 1 Abs. 2 Ziff. 7 HGB). Ein Kaufmann tritt im Geschäftsleben unter seiner Firma (§ 17 HGB) oder, falls er Minderkaufmann ist, unter seinem bürgerlichen Namen auf. "Jeder im wirtschaftswissenschaftlichen Sinne echte Handelsvertreter, d.h. jeder Geschäftsvermittler, welcher die für einen Handelsvertreter typischen Funktionen im Wirtschaftsleben ausübt, für den also die Vorschriften der §§ 84 ff. HGB doch wohl bestimmt sind, tritt auch dann *unter* seiner Firma oder *unter* seinem Namen auf, wenn er (als Abschlußagent) in fremdem Namen und für fremde Rechnung Geschäfte vermittelt und abschließt. Lehre und Rechtsprechung zu den §§ 84 ff. HGB beachten diesen auch rechtlich grundlegenden Unterschied nicht genügend und lassen sich durch die Definition des § 84 Abs. 1 Satz 1 HGB verleiten, die §§ 1 Abs. 2 Ziff. 7 und 17 HGB zu übersehen. Dadurch werden die Tankstellenverträge (so schreibt zu Recht Ernst E. Hirsch [32]) unrichtig eingeordnet." Ein derartiges Handeln unter eigenem Namen ist nämlich beim Tankstellenhalter in der Regel nicht zu finden. Dieser tritt vielmehr bei den hier relevanten Geschäften unter dem Namen der Firma auf, für die er tätig ist. Die Rechnungs- und Quittungsformulare, die er weisungsgemäß verwendet, enthalten meist als Kopf die Firma oder einen schlagwortartig abgekürzten Teil der Firma der Ölgesellschaft und über die handschriftliche Quittungsunterschrift kommt ein Stempel, der aus dem Firmenschlagwort der Gesellschaft und dem Zusatz "Tankstelle" oder "Station" mit dem Namen

32) Fußnote 20, S. 190 f.

des Tankstellenhalters besteht. In vielen Fällen wird zwischen Leistungen im Namen und für Rechnung der Gesellschaft und Leistungen im eigenen Namen unterschieden, in anderen nicht. Das großenteils nicht rechtskundige Publikum muß – so richtig Hirsch – aus dieser Gestaltung der Formulare den Schluß ziehen, daß der Tankstellenhalter *unter fremdem Namen*, nämlich unter dem Namen der jeweiligen Gesellschaft, tätig wird, deren Firma oder Firmenschlagwort am Kopf des Formulars oder des Stempels steht und gegenüber dem Zusatz "Station" oder "Tankstelle" vorherrscht. Der Tankstellenhalter ist dadurch in seinem Auftreten dem Verkaufsleiter des Kettenladens eines Lebensmittelunternehmens vergleichbar, der unter fremdem Namen, also nicht als selbständiger Kaufmann auftritt und deshalb kein Handelsvertreter ist.

c) Ausschließlichkeitsbindungen

Der Handelsvertreter kann im Prinzip auch gleichzeitig andere Firmen vertreten. Ein erheblicher Teil der deutschen Handelsvertreter besteht allerdings aus vom Gesetz in § 92a HGB anerkannten sog. Ein-Firmen-Vertretern, wobei die Zahlenangaben zwischen 14 und 50% schwanken [33]. Auch ohne vertragliche Bindung an eine einzelne Firma folgt in der Regel bereits aus der Interessenwahrungspflicht des Handelsvertreters (§ 86 Abs. 1 HGB), daß dieser der von ihm vertretenen Firma keine Konkurrenz machen darf [34] Beim Tankstellenhalter ist das Konkurrenzverbot, von einigen wenigen Großtankstellen abgesehen, die mehrere Marken führen, durch Ausschließlichkeitsbindungen gesichert. Diese beziehen sich auf den Abschluß von Fremdgeschäften, in einigen Fällen auch auf die Tätigkeit als Eigenhändler, ferner auf die Deckung des Eigenbedarfs und (bei partnereigenen Tankstellen) auf die Ausübung des Eigentums am Grundstück. So heißt es z.B. in den Vertragsbedingungen einer der großen Gesellschaften:

33) Schüller (Fußnote 1), S. 213.

34) BGHZ 42, 59 (61); BGH LM Nr. 53 zu § 242 (B a) BGB.

"Ich darf den Vertrieb und die Lagerung von Treibstoffen, Schmierstoffen oder anderen Waren der von Ihnen erzeugten oder vertriebenen Art für andere Unternehmen als das Ihre oder auch für eigene Rechnung nicht ausführen und verpflichte mich, evtl. Eigenbedarf ausschließlich von Ihnen zu beziehen. Ich habe alle Maßnahmen zu unterlassen, die dem von mir übernommenen Vertrieb nachteilig sein können und darf auch andere Personen, die sich mit dem Verkauf der vorgenannten Erzeugnisse beschäftigen, weder direkt noch indirekt unterstützen".

Die Ausschließlichkeitsbindung wird mit Hilfe einer im Grundbuch eingetragenen sog. Tankstellendienstbarkeit gesichert. Diese ist eine für die Dauer von 20-30 Jahren bestellte beschränkt persönliche Dienstbarkeit. Vereinbart wird meist etwa folgender Inhalt: "Die Gesellschaft X hat, solange ein Vertragsverhältnis mit Y oder dessen Rechtsnachfolger besteht, jedoch mindestens bis zum . . . , das ausschließliche und der Ausübung nach übertragbare Recht des Vertriebs von Autotreibstoffen und Schmierstoffen jeder Art sowie der Errichtung und Unterhaltung einer Tankstelle". Die gelegentlich getroffene weitere Vereinbarung, daß nämlich auf dem Grundstück andere Treib- und Schmierstoffe als diejenigen der Gesellschaft nicht verkauft oder vertrieben werden dürften, ist vom BGH wegen mangelnden Zusammenhangs mit dem Eigentumsrecht am Grundstück für unwirksam erklärt worden [35]. Aber auch die Vereinbarung eines ausschließlichen Vertriebsrechts ist in dieser Form wegen mangelnder Verbindung mit dem Eigentumsrecht unwirksam und muß von Amtswegen im Grundbuch gelöscht werden. Wirksam ist allein die Vereinbarung eines Ausschließlichkeitsrechts für die Errichtung und Unterhaltung einer Tankstelle [36].

Fraglich ist, ob sich die vertragliche Ausschließlichkeitsbindung auch auf eine Reparaturwerkstätte des Tankstellenhalters bezieht. Ist die Fassung des Tankstellenvertrages nicht eindeutig, muß sie wohl entsprechend der Unklarheitenregel, wie sie bei den Allgemeinen Geschäftsbedingungen entwickelt wurde,

35) BGH NJW 1959, S. 670.

36) Vgl. eingehend Nippold (Fußnote 11), S. 147 ff.

zu Ungunsten der Gesellschaft ausgelegt werden, die das Vertragsformular entworfen hat. Der BGH hat deshalb die Rechtslage nach der gesetzlichen Treuepflicht des Handelsvertreters beurteilt und eine Werbung für Öle der Konkurrenz untersagt, andererseits aber nach Treu und Glauben für zulässig angesehen, daß der Tankstellenhalter "mit Rücksicht auf die besonderen Verhältnisse eines Werkstattbetriebes . . . zur Bedienung der Kunden, die bisher andere Öle in ihren Fahrzeugen verbrauchten, nach Maßgabe des auftretenden Bedarfs auch diese anderen Autoöle führt" [37]. Ähnliches gilt für die Beurteilung der Frage, ob die vertragliche Ausschließlichkeitsbindung für eine neue Tankstelle oder eine neue Werkstatt gilt, die der Tankstellenhalter später eröffnet. Hier verpflichtet ihn die gesetzliche Treuepflicht lediglich, das "Einzugsgebiet" der gesellschaftsgebundenen Tankstelle zu beachten. Außerhalb dieses Gebietes liegt keine Konkurrenz gegenüber der gebundenen Tankstelle vor, so daß der Tankstellenhalter insofern frei ist [38]. Gehen die vertraglichen Abmachungen aber eindeutig weiter, so kann der dadurch bewirkte Eingriff in die wirtschaftliche Freiheit unzulässig sein, wie unter IV 2 dargelegt wird.

d) Kaufmännische Dispositionsbefugnis

Zwar steht das Weisungsrecht des Geschäftsherrn der Annahme einer selbständigen Unternehmerstellung des Handelsvertreters nicht entgegen. Verbunden aber mit der Ausschließlichkeitsbindung in der von den Gesellschaften praktizierten Art wird man nicht mehr von einer selbständigen Unternehmerstellung des Tankstellenhalters sprechen können. Die Abgrenzung der weisungsgebundenen Selbständigkeit von der arbeitsrechtlichen Abhängigkeit muß nämlich nach ähnlichen Kriterien vorgenommen werden, nach denen man bloße Betriebsstätten von echten Niederlassungen unterscheidet [39]. Verkaufsstellen, Depositenkassen und dergl. sind keine Niederlassungen im Sinne des HGB, sondern unselbständige Abteilungen derjenigen Niederlassung, von der aus sie

37) BGH LM Nr. 53 zu § 242 (Ba) BGB.

38) Nippold (Fußnote 11), S. 105-107.

39) In diesem Sinne bereits Hirsch (Fußnote 20), S. 174.

geleitet werden. Dem "Leiter" einer solchen Betriebsstätte fehlt die kaufmännische Dispositionsbefugnis; denn die Verwaltung geschieht von der Zentralstelle aus. Er ist daher nur kaufmännischer Angestellter mit gewissen Leitungsbefugnissen. Weil die wirtschaftliche und organisatorische Selbständigkeit fehlt, kann die Betriebsstätte auch nicht ins Handelsregister eingetragen werden; denn sie ist kein Unternehmensbestandteil und muß daher das rechtliche Schicksal des Gesamtunternehmens teilen. "Anders bei einer Zweigniederlassung, die als örtlich begrenzte Leistungs- und Verwaltungsstelle im Rahmen eines dezentralisierten Unternehmens gegenüber der Hauptniederlassung ein derartiges Maß von wirtschaftlicher und organisatorischer Selbständigkeit besitzt, daß sie das Schicksal des Gesamtunternehmens nicht teilen muß, sondern unter Umständen verkauft und als selbständiges Unternehmen weiter betrieben oder bei Konkurs eines ausländischen Unternehmens im Inland vom ausländischen Konkurs nicht betroffen wird" [39a].

Die gesellschaftsgebundene Tankstelle ist in der Regel in der Situation der bloßen Betriebsstätte. Beim Tankstellenvertrag steht, wie es der BGH formuliert hat, "die Schaffung eines zuverlässigen Absatzsystems für die Marke des Erzeugers im Vordergrund" [40]. Deshalb sollen die Tankstellenhalter auch nicht selbständig disponierende Kaufleute, sondern Warenverteiler sein, die sich in die von den Gesellschaften gelenkten und geleiteten Absatzorganisationen reibungslos einfügen. Von eigener wirtschaftlicher Betätigung, geschäftlicher Disposition und planender, kalkulierender Tätigkeit kann – jedenfalls soweit die Bindung an die betreffende Gesellschaft reicht – nicht die Rede sein [41]. So ist der Tankstellenhalter vertraglich an die Richtlinien der Gesellschaft für Lieferungen und Abrechnungen gebunden, muß in vielen Fällen das von der Gesellschaft vorgeschriebene Buchhaltungssystem verwenden und Überwachungs- und Eingriffsrechte dulden, die vorgesehenen Werbemaßnahmen durchführen und dergl. Auch kann eine gebundene Tankstelle nicht in eine freie Tankstelle umgewandelt werden, ohne den größten Teil der alten Kundschaft zu verlieren.

39a) Hirsch ebd.

40) BGH NJW 1959, S. 1679, 1680.

41) Hirsch (Fußnote 20), S. 191 f.

Insgesamt bleibt also dem Tankstellenhalter gegenüber der Gesellschaft kein größerer Aktionsradius als etwa dem Leiter eines Lebensmittelkettenladens. Das aber reicht nicht aus, um die selbständige Kaufmannseigenschaft eines Handelsvertreters zu begründen. Der Tankstellenvertrag ist damit entgegen der h.M. in seinen wesentlichen Elementen ein Arbeitsvertrag.

3. Die vertragliche Überbürdung des wirtschaftlichen Risikos

Anhand weiterer Bestimmungen der Formularverträge läßt sich zeigen, daß dem Tankstellenhalter trotz seiner Abhängigkeit in vielen Punkten das äußere Erscheinungsbild eines selbständigen Handelsvertreters beigelegt wird, um ihm wirtschaftliche Risiken überbürden zu können, die ein leitender Angestellter nicht zu tragen hätte.

a) Fehlender Bestandsschutz

aa) Wie in der gesetzlichen Zuerkennung eines Ausgleichsanspruchs zum Ausdruck kommt, ist für den Handelsvertreter der Kundenstamm sein wichtigstes Kapital. Dieses wird ihm in der Regel durch Einräumung eines Gebietsschutzes gesichert. Ein solcher Gebietsschutz wird jedoch im Tankstellenvertrag nicht gewährt. Im Gegenteil wird ausdrücklich die Direktlieferung durch die Gesellschaft vorbehalten. Diese versorgen im sog. Propregeschäft privilegierte Großabnehmer, wie z.B. Kaufhäuser, Verbrauchermärkte oder Genossenschaften unter Gewährung von Preisnachlässen, die zum Teil höher sind als die Provisionssätze der Tankstellenhalter [42]. Zum anderen muß ein Tankstellenhalter infolge der von den Gesellschaften seit Jahren verfolgten Politik der Ausweitung des Tankstellennetzes jederzeit damit rechnen, daß sein Einzugsgebiet durch eine neue Tankstelle derselben Gesellschaft geschmälert wird. Dabei

42) Vgl. Schüller (Fußnote 1), S. 227 ff.

wird zuweilen die Umsatzsteigerung einer Tankstelle als Beweis für die Existenzfähigkeit einer weiteren Tankstelle im Umkreis der bisherigen gewertet, so daß der Tankstellenhalter evtl. für besondere Anstrengungen durch die eigene Gesellschaft "bestraft" wird [43], eine Situation, die den leitenden Angestellten nicht so hart trifft, weil er nicht ausschließlich auf den Umsatz angewiesen ist.

bb) Ein weiterer entscheidender Punkt in diesem Zusammenhang ist die Kündigungsmöglichkeit. Bei gesellschaftseigenen Tankstellen können die Tankstellenverwalterverträge in der Regel 6 Wochen zum Quartalsschluß oder mit einer Frist von 3 Monaten gekündigt werden. Dem Tankstellenhalter werden dadurch die Rechte aus § 2 des Gesetzes über die Fristen für die Kündigung von Angestellten (RGBl. 1926 I 399) genommen. Einige der großen Gesellschaften haben jedoch neuerdings ihre Verträge der dort vorgesehenen Staffelung der Kündigungsfrist bis zu 6 Monaten angepaßt. Bei partnereigenen Tankstellen besteht die Bindung der Stationärverträge bis zu 30 Jahren und verlängert sich jeweils um 1 Jahr oder um 5 Jahre. Der Tankstellenhalter hat also nicht das Recht des Angestellten aus § 624 BGB, nach 5-jähriger Laufzeit des Vertrages zu kündigen. Die häufig vertretene Meinung, daß § 624 BGB auf den Tankstellenvertrag anwendbar sei, ist jedenfalls vom BGH zurückgewiesen worden [44]. Der Tankstellenhalter hat nach h.M. als Selbständiger auch nicht den Zeugnisanspruch aus § 630 BGB, obwohl dafür ein Bedürfnis besteht [45]. Die Gesellschaften haben sich dagegen vertraglich ausbedungen, langfristige Stationärverträge vorzeitig aus wirtschaftlichen Gründen zu kündigen, während die Ertragslosigkeit für den Tankstellenhalter kein Kündigungsgrund ist.

43) Ebd. S. 230 f.

44) BGH NJW 1969, S. 1662-1665 = JZ 70, 368 mit Anm. von Ballerstedt. In England ist auf Grund des Eingreifens der Kartellbehörden erreicht worden, daß die Laufzeit der Stationärverträge nicht mehr als 5 Jahre beträgt, sofern nicht dem Tankstellenhalter nach dieser Zeit das Recht eingeräumt wird, den Vertrag nach evtl. Darlehnstilgung mit einer Jahresfrist zu kündigen, vgl. K. Markert: Die Neuregelung des englischen Tankstellenvertriebs, in WuW 16 (1967), S. 194 f.

45) Vgl. Nippold (Fußnote 11), S. 69 f.

cc) Während die Tankstellenhalter früher um ihre Anerkennung als Angestellte gekämpft haben, um in den Genuß des Kündigungsschutzes zu kommen, ist seit der Änderung des Handelsvertreter-Rechts ein Wechsel der Einstellung festzustellen [46]. Jetzt wollen sie selbständige Handelsvertreter sein, weil der Handelsvertreter nun bei Vertragsende den sog. Ausgleichsanspruch nach § 89b HGB hat. Über die praktische Bedeutung dieses zwingend vorgeschriebenen Ausgleichsanspruchs bestehen jedoch falsche Vorstellungen. Zunächst einmal kann er nicht immer geltend gemacht werden. Er entfällt nämlich bei vertraglicher Auflösung des Vertragsverhältnisses in beiderseitigem Einvernehmen, bei Kündigung durch den Handelsvertreter, die nicht durch den Unternehmer veranlaßt wurde, bei Kündigung des Unternehmers aus wichtigem Grunde wegen schuldhaften Verhaltens des Handelsvertreters und bei schuldhaftem Verhalten des Handelsvertreters nach erfolgter fristgerechter Kündigung [47]. Dann aber ist die Höhe äußerst schwierig festzustellen [48]; denn es stellt sich "die mit den Mitteln des Gerichts kaum zu entscheidende Frage, ob Kunden an der Tankstelle vom Tankstellenhalter geworben oder ob sie durch die Werbewirkung der Marke angezogen wurden, mithin durch die eigene Leistung des Benzinlieferanten" [49]. Bei Tankstellen an Autobahnen oder außerhalb geschlossener Ortschaften hat der BGH für den Regelfall das Bestehen von Stammkundschaft, die durch besonderen Kundendienst des Tankstellenhalters geworben sein könnte, und damit das Bestehen eines Ausgleichsanspruches verneint [50]. Im allgemeinen muß eine Kartei der Stammkundschaft vorgewiesen werden können [51]. Im übrigen wird die Höhe im Streitfall

46) Nippold (Fußnote 11), S. 21 f., und allgemein zum Handelsvertreter Hirsch (Fußnote 20), S. 175.

47) Vgl. im einzelnen W. Küstner: Der Ausgleichsanspruch des Handelsvertreters, 2. Aufl. 1967, S. 193 ff.

48) Nippold (Fußnote 11), S. 180.

49) Louis Ferdinand Heyer: Rechtsfragen an Tankstelle und Garage, Würzburg 1964, S. 65.

50) BGH NJW 1965, S. 248.

51) Nippold (Fußnote 11), S. 177

zuweilen durch die Vereinbarung des Gerichtsstandes am Sitz der Gesellschaft beeinflußt, da der Hausanwalt des Tankstellenhalters meist bei dem über die Höhe nach Ermessen entscheidenden Gericht nicht zugelassen ist [52].

b) Mangelnde Sicherung des Einkommens

Obwohl die Tankstellenhalter hinsichtlich des Vertriebs völlig den Weisungen der Gesellschaft unterworfen sind, sind sie lediglich auf ihre Provision angewiesen und stehen daher wirtschaftlich mit den Gesellschaften in einer Risikogemeinschaft. Während der Angestellte in der Regel auch dann sein Gehalt bekommt, wenn im Betrieb Störungen auftreten, ist in den Tankstellenverträgen meist ausdrücklich vorgesehen, daß in Fällen, in denen die Gesellschaft ohne Verschulden nicht liefern kann, ein Schadensersatzanspruch nicht besteht. Weiterhin sind dem Tankstellenhalter eine Reihe von Sicherungsrechten genommen. Das im Namen der Gesellschaft vereinnahmte Geld geht vereinbarungsgemäß sofort in das Eigentum der Gesellschaft über, wobei lediglich die Provision abgezogen werden darf. Für sonstige Ansprüche aus dem Vertragsverhältnis stehen nach den meisten Verträgen dem Tankstellenhalter Aufrechnungs- und Zurückbehaltungsrechte nicht zu. In den Stationärverträgen ist ferner das Pfandrecht des Vermieters an eingebrachten Sachen (§ 559 BGB) ausgeschlossen.

c) Sicherheitsleistung, Versicherungspflicht und Ausfallhaftung

Die von der Gesellschaft gelieferten Betriebsstoffe bleiben bis zum Verkauf ihr Eigentum, das wirtschaftliche Risiko der Abfüllung und Lagerung trägt aber der Tankstellenhalter; denn dieser hat auf Weisung der Gesellschaft eine Haftpflicht- und Diebstahlversicherung abzuschließen, die auch die vereinnahmten Gelder erfaßt. Es handelt sich hier um eine Erweiterung der allgemeinen Bestimmung, daß der Tankstellenhalter alle Betriebsunkosten zu tragen hat.

52) Sicher richtig beobachtet von Schüller (Fußnote 1), S. 233.

Im übrigen sehen alle Vertragsformulare vor, daß der Tankstellenhalter für der Warenbestand und die Investitionen der Gesellschaft Sicherheiten leistet.

Obwohl den Tankstellenhaltern ausdrücklich untersagt ist, Kreditverkäufe vor zunehmen, sind diese bei Stammkunden üblich und von den Gesellschaften stillschweigend geduldet. Sie sichern sich dadurch, daß sie die Tankstellenhalter eine vertragliche Haftung für die Zahlung des kreditierten Kaufpreises übernehmen lassen [53].

d) Wirtschaftliche Abhängigkeit

Auf den besonderen, nach arbeitsrechtlichen Grundsätzen ausgestalteten Schu für arbeitnehmerähnliche Handelsvertreter (§ 92a HGB, Art. 3 ÄndG HGB (BGBl 1953 I 771)) können sich die Tankstellenhalter nicht berufen; denn einmal sind sie – mangels ausdrücklichen Verbots einer Nebenbeschäftigung und angesichts ihrer Eigenhändlertätigkeit – keine Ein-Firmen-Vertreter im dort vorausgesetzten Sinne, und zum anderen liegen sie über der dort vorgesehenen Einkommensgrenze von DM 1.000.--, da damit der Bruttoverdienst gemeint ist, der die Betriebsunkosten nicht berücksichtigt [54]. Aber die mangelnde Preisfreiheit, das in einigen Verträgen ausdrücklich vorbehaltene Recht zur einseitigen Änderung der Vergütungsstaffel und zur Änderung des Abrechnungssystems, das Recht zur Kontrolle und Übernahme der Verwaltung und das Recht zur Kündigung aus wirtschaftlichen Gründen führen insgesamt zu einer derart großen wirtschaftlichen Abhängigkeit, daß von einer selbständiger kaufmännischen Dispositionsbefugnis nicht mehr gesprochen werden kann. Der Umfang der wirtschaftlichen Abhängigkeit bewirkt hier also eine persönliche Abhängigkeit, so daß in Wahrheit kein Handelsvertreter-Vertrag, sondern ein Arbeitsverhältnis vorliegt.

53) Eine besondere Delkredere-Provision ist für diese Haftungsübernahme nach § 86 b Abs. 3 S. 2 HGB nicht erforderlich, LG Essen BB 1961, S. 425.

54) Dazu näher Nippold (Fußnote 11), S. 55-59.

IV. Versuche, die Macht der Mineralölgesellschaften zu beschränken

1. Wie bereits hervorgehoben, haben die Tankstellenhalter heute nur die Wahl, die in etwa gleichlautenden Formularverträge der Gesellschaften zu unterschreiben oder auf den Vertragsabschluß überhaupt zu verzichten. Die oligopolistischen Marktbedingungen, die das Verhältnis von Mineralölproduzenten und Tankstellenhaltern bestimmen, bestehen im wesentlichen infolge der weltweiten Beherrschung der Mineralölproduktion durch die "internationalen Mineralölfarben". Sie werden dadurch verstärkt, daß sich die Bundesregierung in ihrer Energiepolitik auf die Mitarbeit dieser Konzerne stützt und dies mit der Einräumung von Sonderrechten bezahlen muß [55]. Durch das am 1.1.1966 in Kraft getretene Gesetz über Mindestvorräte an Erdölerzeugnissen [56] wurden die Importeure zu einer schrittweise erhöhten Mindestvorratshaltung verpflichtet, die ab 1970 45 Tage (für Raffinerien 65 Tage) beträgt. Diese gesetzliche Vorratspflicht erhöht die Kosten des Markteintritts, so daß mit neuen Importeuren als Wettbewerbern nicht mehr zu rechnen ist [57].

Die hier zutage tretende "Verstrickung staatlicher und privater Interessen" [58] bewirkt, daß die ständige Machterweiterung der Gesellschaften staatlicherseits kaum auf Widerstände stößt. Wir haben heute faktisch ein Benzinpreiskartell, gegen das bisher trotz einiger Anläufe nichts wirksam unternommen wurde. Im Kampf gegen die freien Tankstellen haben die Gesellschaften einen Liefer-

55) Vgl. Schüller (Fußnote 1), S. 222-224.

56) BGBl. 1965 I 1217.

57) So K.H. Biedenkopf: Zur Selbstbeschränkung auf dem Heizölmarkt, BB 1966, S. 1115.

58) Schüller (Fußnote 1), S. 223.

boykott durchgeführt und die an sie gebundenen Tankstellenhalter mit Kündigungen bedroht, um eine Rabattgewährung zu deren Lasten durchzusetzen, ohne daß es zu energischen Reaktionen des Bundeskartellamtes kam [58a]. Zwar haben es die Gesellschaften nicht vermocht, die freien Tankstellen völlig vom Markt zu verdrängen, aber mehrere Faktoren wirken zusammen, daß diese eine ernsthafte Konkurrenz nicht befürchten lassen. So wird die Möglichkeit eines Lieferboykotts durch die großen Gesellschaften den freien Tankstellen dadurch gefährlich, daß der Staat durch die Mindestvorratshaltungspflicht und durch die Ablehnung der Liberalisierung preisgünstiger Treibstoffimporte aus den Ostblockländern eine fühlbare Lieferkonkurrenz ausschaltet. Ferner dürfen nach der Rechtsprechung zum Wettbewerbsrecht die freien Benzine trotz ihrer Identität mit Markenbenzinen nicht als Markenqualität angepriesen werden [59]. Die Transporte der Außenseiter unterliegen – soweit diese nicht von den Markengesellschaften beziehen – der Beförderungssteuer, während die Konzerntransporte über die Pipelines laufen u.a. mehr [60].

2. Die Weisungsgebundenheit zusammen mit der Ausschließlichkeitsbindung hat in vielen Fällen dazu geführt, daß die Tankstellenhalter in Wirklichkeit weit schlechter dastehen als entsprechende Angestellte. Das wird durch eine Erhebung belegt, die vom Fachverband Tankstellen und Garagen im Zentralverband des Kraftfahrzeughandels und -gewerbes e.V. im Jahre 1964 bei je 875 Tankstelleneigentümern und -pächtern des Bundesgebietes (ohne Berlin) mit folgendem Ergebnis durchgeführt wurde:

58a) Der BGH hat jedoch inzwischen eine derartige Kündigung für sittenwidrig erklärt (NJW 1970, S. 855).

59) BGH DB 1965, S. 1324 f.

60) Vgl. Schüller (Fußnote 1), S. 229 f.

	Pächter: 875	Eigentümer: 875
1) wöchentl. Öffnungszeit		
bis 48 Stunden	3 (ca. 0,2%)	5 (ca. 0,7%)
bis 72 Stunden	53 (ca. 5 %)	110 (ca. 13 %)
bis 100 Stunden	677 (ca. 78 %)	610 (ca. 69 %)
über 100 Stunden (einschl. durchgehend)	142 (ca. 16 %)	150 (ca. 17 %)
davon sonntags geöffnet:		
bis 6 Stunden	233 (ca. 24%)	140 (ca. 16 %)
bis 10 Stunden	210 (ca. 27%)	152 (ca. 18 %)
über 10 Stunden	328 (ca. 37%)	457 (ca. 52 %)
geschlossen	104 (ca. 12%)	126 (ca. 14 %)
2) Mitarbeit des Tankstellenhalters:		
bis 48 Stunden	13 (ca. 2%)	47 (ca. 5 %)
bis 72 Stunden	158 (ca. 18%)	139 (ca. 16 %)
bis 100 Stunden	609 (ca. 68%)	399 (ca. 46 %)
über 100 Stunden	49 (ca. 6%)	73 (ca. 8 %)
nicht mitarbeitend:	46 (ca. 6%)	217 (ca. 25 %)
Mitarbeit der Ehefrau:		
bis 48 Stunden	301	203
bis 72 Stunden	169	87
bis 100 Stunden	137	120
über 100 Stunden	4	10
	611 (ca. 70% der Betriebe)	420 (ca. 48% d. Betriebe)
darunter Ehefrauen mit Kindern bis zu 14 Jahren	238 (ca. 40% der mitarbeit. Ehefrauen)	130 (ca. 34% der mitarbeit. Ehefrauen)

	Pächter: 875	Eigentümer: 875
3) Mitarbeit von Angehörigen		
(Söhne, Töchter, Vater, Mutter):		
bis 48 Stunden	132	128
bis 72 Stunden	44	61
bis 100 Stunden	26	66
über 100 Stunden	4	13
4) Personalverhältnisse:		
a) ohne Tankwarte, Wagenpfleger, Aushilfskräfte	181 (ca. 21% der Betriebe)	194 (ca. 22% der Betriebe)
b) ohne Lehrlinge	451 (ca. 52% der Betriebe)	521 (ca. 59% d. Betr.)
5) Altersversorgung der Inhaber:		
a) Lebensversicherung	677	652
b) Angestellten- u. Invalidenvers.	526	451
c) sonstige Altersversorgung	4	11
d) ohne Altersversorgung	27	28
e) keine Angaben	13	16
Altersversorgung		
a) als ausreichend angesehen	377 (ca. 43%)	541 (ca. 62%)
b) als nicht ausreichend angesehen	474 (ca. 54%)	300 (ca. 34%)
c) keine Angaben	24 (ca. 3%)	34 (ca. 4%)

	Pächter: 875	Eigentümer: 875
6) Urlaub des Tankstellenhalters 1962		
bis 1 Woche	80 (ca. 9%)	71 (ca. 8%)
bis 2 Wochen	209 (ca. 24%)	215 (ca. 25%)
bis 3 Wochen	73 (ca. 8%)	104 (ca. 12%)
über 3 Wochen	15 (ca. 2%)	21 (ca. 2%)
ohne Urlaub	454 (ca. 52%)	413 (ca. 47%)
keine Angaben	44 (ca. 5%)	51 (ca. 6%)
Urlaub des Tankstellenhalters 1963		
bis 1 Woche	102 (ca. 12%)	72 (ca. 8%)
bis 2 Wochen	215 (ca. 25%)	229 (ca. 26%)
bis 3 Wochen	90 (ca. 10%)	106 (ca. 12%)
über 3 Wochen	15 (ca. 1%)	17 (ca. 2%)
ohne Urlaub	417 (ca. 48%)	397 (ca. 46%)
keine Angaben	36 (ca. 4%)	54 (ca. 6%)

Zu Recht ist es also gerade im Hinblick auf den Mineralölhandel von kompetenter Seite als absurd bezeichnet worden, "daß in der Zeit, in der das echte Arbeitnehmerverhältnis aus würdeloser Sklaverei herausgeführt worden ist, bei den wirtschaftlich unselbständigen Dienstleistungszweigen eine gegenläufige Entwicklung zu beobachten ist" [61]. Im Gegensatz zur Entwicklung, wie sie Macaulay schildert, sind in Deutschland erst einige Anfänge zu verzeichnen, diesem Trend entgegenzuwirken. Von den Gerichten war und ist eine Hilfe nicht zu erwarten. Sie schützen in ihrer Wettbewerbsrechtsprechung die großen Marken und haben es auch abgelehnt, einzelne Verträge als wirtschaftliche Knebelung nach § 138 BGB für sittenwidrig und damit für nichtig zu erklären. Die langdauernde und enge Bindung der angeblich selbständigen Tankstellenhalter an die Gesellschaft wird so lange nicht für sittenwidrig gehalten, als die

61) Schüller ebd. S. 246.

Gesellschaft ihnen zur Gründung einer Existenz verholfen hat [62]. Ob die Existenzgründung stets als Argument ausreicht, erscheint fraglich. Ein Fall der Nichtigerklärung eines Vertrages nach § 138 BGB ist aber bisher nicht bekannt geworden [63].

3. Dagegen finden wir in Deutschland wie in anderen Ländern auch [64] ein Vorgehen der Kartellbehörden, das allerdings nicht von den Tankstellenhaltern, sondern von den freien Tankstellen (Benzinpreiskrieg) [65] und einem vom Markt verdrängten Hersteller von Autopflegemitteln ausgelöst wurde. Nachdem durch Beschluß des Bundeskartellamtes vom 22.5.1968 [66] die Ausschließlichkeitsbindung partnereigener Tankstellen für Pflegemittel untersagt wurde und die meisten Gesellschaften nun die Pflegemittel auf Handelsvertreter-Basis vertreiben lassen, kommt es jetzt entscheidend auf die Frage an, ob Handelsvertreter-Verträge mit ihrer Ausschließlichkeitsbindung der Mißbrauchsaufsicht nach § 18 GWB unterliegen. Dann wären bei entsprechendem Vorgehen des Bundeskartellamtes die Tankstellenhalter evtl. nur noch im Verkauf von Benzin, nicht aber hinsichtlich anderer Produkte ausschließlich an ihre Gesellschaft gebunden. Diese Frage ist heute noch offen [67]. Ein weiteres Vorgehen des Bundeskartellamtes steht zu erwarten. Allerdings schützt § 18 GWB gegenwärtig nicht gegen wirtschaftliche Ausbeutung.

62) OLG Hamburg, Urteil vom 7.12.1956, abgedruckt bei Heyer (Fußnote 49), Anhang B Nr. 1.

63) Vgl. näher zu dieser Frage Nippold (Fußnote 11), S. 98-105.

64) Z.B. Großbritannien, Irland und Kanada, vgl. Fußnote 4.

65) Vgl. H. Kreis: Tankstellenrabatte in kartellrechtlicher Sicht, in BB 1969, S. 73 ff.

66) Fußnote 3.

67) *Dafür* das Bundeskartellamt in seinem Beschluß vom 22.5.1968 (Fußnote 3) und D. Nippold: Ausschließlichkeitsbindung in Tankstellenverträgen nach § 18 GWB überprüfbar?, in WRP 1967, S. 122 ff.; H. Kreis: Ausschließlichkeitsbindung in Tankstellenverträgen, in BB 1967, S. 942; Schmidt/Thiele: Die Ausschließlichkeitsbindung des Tankstellenhalters für Treib- und Schmierstoffe, in BB 1968, S. 886 ff.; K. Markert: Tankstellennebengeschäft und Antitrustrecht, in WuW 18 (1969), S. 546 ff.; *dagegen* Fritz Rittner: Die Ausschließlichkeitsklausel in dogmatischer und rechtspolitischer Betrachtung, 1957, S. 141; Rasch in WuW 1958, S. 208, 211 ff.; A. Riesenkampf: Die Ausschließlichkeitsbindung des Tankstellenhalters für Treib- und Schmierstoffe, BB 1968, S. 732 f.

4. Aber selbst wenn die rechtlichen Bindungen an die Gesellschaften gelockert würden, würde das faktisch den Tankstellenhaltern keine Besserung ihrer Situation bringen. Wie das Bundeskartellamt zu Recht festgestellt hat, haben die Gesellschaften "gegenüber ihren Tankstellenpartnern ein wirtschaftliches Übergewicht mit der Folge, daß der Tankstellenpartner sich abhängig fühlt und deshalb – nicht zuletzt auch, um an sich zulässige Kündigungen zu vermeiden – von ganz geringfügigen Ausnahmen abgesehen auch nicht vertraglich fixierten Vorstellungen und Wünschen der Mineralölunternehmen Rechnung trägt" [68]. Man plante daher von Regierungsseite, die langfristige Bindung bei partnereigenen Tankstellen, die bis zu 30 Jahre beträgt und auf den Rechtsnachfolger übergeht, durch gesetzliche Kündigungsmöglichkeiten zu beschränken [69]. Der Zentralverband des Tankstellen- und Garagengewerbes e.V., in dem sich die Tankstellenhalter zusammengeschlossen haben, wollte ferner nach dem Beispiel der Arbeitslosenversicherung für seine Mitglieder eine Rechtsschutzversicherung abschließen, die diese vor den Folgen einer Vertragskündigung durch die Gesellschaften schützen soll [70]. Häufiger wurde erwogen, die Öffentlichkeit durch Streik auf den Machtmißbrauch der Ölkonzerne aufmerksam zu machen [71]. Bisher ist jedoch praktisch nichts geschehen. Die beste Lösung wäre wohl, wenn man erreichen könnte, daß die Rechtsnatur des Tankstellenvertrages als gemischtrechtlicher Arbeitsvertrag erkannt würde. Dann könnte man die Schutzvorschriften des Arbeitsrechts und andere oben erwähnte Vorschriften zur Anwendung bringen [72]. Diese Lösung dürfte jedoch in letzter Konsequenz keiner der beiden Seiten genehm sein und paßt auch nicht in das offizielle gesellschaftspolitische Konzept vom selbständigen Mittelstand.

68) Beschluß (Fußnote 3) S. 38 f.

69) Vgl. Stellungnahme der Bundesregierung zur kleinen Anfrage der SPD zu den Verhältnissen im Tankstellengewerbe, Bundestagsdrucksache V/866 vom 10.8.1966, S. 5.

70) Frankfurter Allgemeine Zeitung vom 5.10.1967 (Nr. 231).

71) Vgl. Schüller (Fußnote 1), S. 246.

72) Diese Lösung klingt an bei Nippold (Fußnote 11), S. 59 und Schüller (Fußnote 1), S. 238.

Kolibri 360 GmbH
Ferdinand-Jühlke-Straße 7
99095 Erfurt, Deutschland
produktsicherheit@kolibri360.de